SEI DIE HELDIN
deines Lebens

AF203539

CHARMANT, FABELHAFT und **UNABHÄNGIG.**
Das sind nur 3 meiner Superkräfte.

YOU GO, *girl!*

Starke Frauen suchen nicht nach
Anerkennung und Bestätigung durch andere,
sie konzentrieren sich vor allem auf ihr eigenes Wohlbefinden.
Stärke ist nicht nur Muskelkraft, sondern der Mut,
Grenzen zu durchbrechen, seinen eigenen Weg
zu gehen und sich treu zu bleiben. Klingt das nicht
nach einer ziemlich guten Lebensphilosophie?

ALSO FEIERE DEINE INNERE HELDIN!

Entfache dein volles Potenzial und jage
all deinen Träumen nach. Lege Unsicherheiten oder
Zweifel ab und glaube an dich selbst.
Denn du bist schön, mutig, wundervoll und stark!

Erschaffe ein Leben,

DAS SICH GUT ANFÜHLT — NICHT NUR GUT AUSSIEHT.

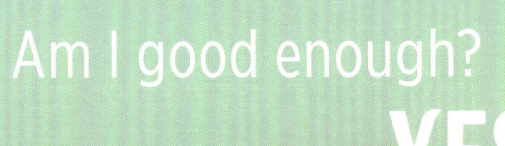

Am I good enough?

YES, I AM.

MICHELLE OBAMA

FRAUEN
sind erst dann erfolgreich,
wenn niemand
mehr überrascht ist,
**DASS SIE
ERFOLGREICH SIND.**

EMMELINE PANKHURST

Um den vollen Wert des Glücks zu erfahren,
brauchen wir jemand,
um es mit ihm

zu teilen.

MARK TWAIN

Eine Frau
kennt ihre Grenzen,
aber eine kluge Frau weiß,
**DASS ES KEINE GRENZEN
FÜR SIE GIBT.**

MARILYN MONROE

BESONDERE MENSCHEN – WIE DICH! –
erkennst du daran, dass sie in
deiner Seele die Sonne scheinen lassen.
Und auf die kommt es im Leben an.

Lebensfreude

ist wie Konfetti im Wind –
manchmal wild
und ungezähmt, aber
immer bunt und voller
Überraschungen.

**FREUDE IST DER
SÜSSE DUFT DES LEBENS.**
Teile sie großzügig,
und du wirst sehen,
wie sie sich wie
ein Sommerwind verbreitet.

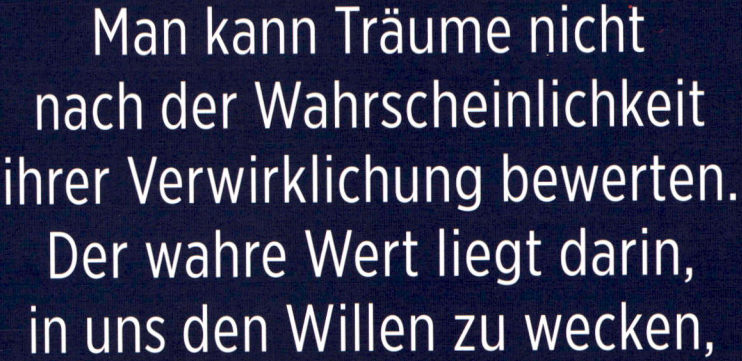

Man kann Träume nicht
nach der Wahrscheinlichkeit
ihrer Verwirklichung bewerten.
Der wahre Wert liegt darin,
in uns den Willen zu wecken,

danach zu streben.

SONIA SOTOMAYOR

Ein starkes, positives Bild von sich selbst ist **DIE BESTE VORBEREITUNG FÜR DEN ERFOLG IM LEBEN.**

JOYCE BROTHERS

FALLS ES DIR
HEUTE NOCH KEINER
GESAGT HAT:

Du bist toll!

Jeder Tag ist
ein neues Abenteuer,
jede Stunde
eine ungeschriebene Seite.
**LASS UNS MIT DEN
FARBEN DES GLÜCKS MALEN
UND UNSERE EIGENE
GESCHICHTE SCHREIBEN.**

Ich bereue nichts,
   was ich je getan habe;
solange ich dabei

Spaß hatte.

KATHARINE HEPBURN

ICH HABE GELERNT, DASS ERFOLG KEINE FRAGE DES GESCHLECHTS IST.

Es geht darum,
sich selbst zu vertrauen,
mutig zu sein
und sich nicht
von Stereotypen
einschränken zu lassen.

ANGELA MERKEL

Dein Wert steigt nicht
durch Zustimmung und fällt
nicht durch Kritik.
Du bist bereits wertvoll,
einfach weil

es dich gibt.

DER WAHRE MUT
besteht darin,
gerade dann Mut
zu zeigen,
wenn man
NICHT MUTIG IST.

JULES RENARD

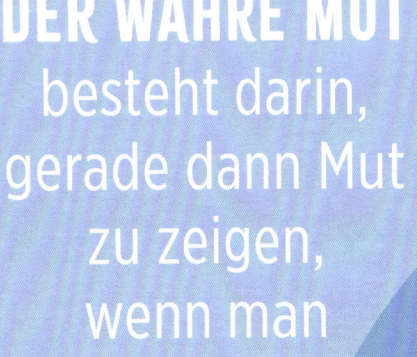

YOU DON'T GET WHAT YOU

don't fight for.

ELIZABETH WARREN

Mut

hat Genie, Kraft und Zauber in sich!

JOHANN WOLFGANG VON GOETHE

MUT IST WIE EIN MUSKEL –
je mehr du ihn trainierst, desto stärker wird er.
Wage den ersten Schritt, und du
wirst erstaunt sein, was du erreichen kannst.

Eine Heldin ist keine,

die immer siegt,
sondern eine,
die niemals aufgibt,
egal, wie schwer
der Kampf ist.

EINE FRAU IST WIE EIN TEEBEUTEL –

man kann nicht sagen,
wie stark sie ist,
bis man sie in
heißes Wasser steckt.

ELEANOR ROOSEVELT

Wenn ein Mann seine Meinung sagt,
ist er ein Mann.
**WENN EINE FRAU IHRE MEINUNG SAGT,
IST SIE EINE ZICKE.**

Freiheit

ist immer
die Freiheit der
Andersdenkenden,
sich zu äußern.

ROSA LUXEMBURG

LEBENSFREUDE IST DER LIEBLINGSSONG IN UNSEREM *Herzen.*

If someone tells you
you're not beautiful,
turn around and walk away
so they can have a great view of
YOUR FABULOUS ASS.

MILEY CYRUS

Den Mutigen hilft das Glück.

TERENZ

Dreams

are illustrations
from the book
your soul is writing
about you.

Schönheit ist nicht langes Haar, schlanke Beine, gebräunte Haut oder perfekte Zähne. Schönheit ist das, was wir in unserem Inneren fühlen und was sich auch nach außen zeigt. Schönheit sind die Spuren, die das Leben in uns hinterlässt, all die Tritte und die Liebkosungen, die die Erinnerungen in uns hinterlassen.

SCHÖNHEIT IST, SICH LEBEN ZU LASSEN.

EMMA WATSON

IN DER STILLE DEINES SELBST
wirst du die lautesten Träume finden.
Höre hin und folge deiner inneren Stimme.

Die Seele

sollte immer halb offen bleiben,
bereit, die ekstatischen Erfahrungen
willkommen zu heißen.

EMILY DICKINSON

Was wäre das Leben, hätten wir nicht den Mut,

ETWAS ZU RISKIEREN.

VINCENT VAN GOGH

IMPROVISIEREN SIE.

Werden Sie kreativer. Nicht, weil
Sie es müssen, sondern weil Sie es wollen.

KARL LAGERFELD

ICH WÜNSCHE MIR,
ebenso wie alle anderen,
vollkommen glücklich zu sein.
Aber wie alle anderen
muss es

auf meine Art sein.

JANE AUSTEN

ICH HABE KEINE ANGST VOR STÜRMEN. Ich lerne, wie ich mein Schiff steuern muss.

LOUISA MAY ALCOTT

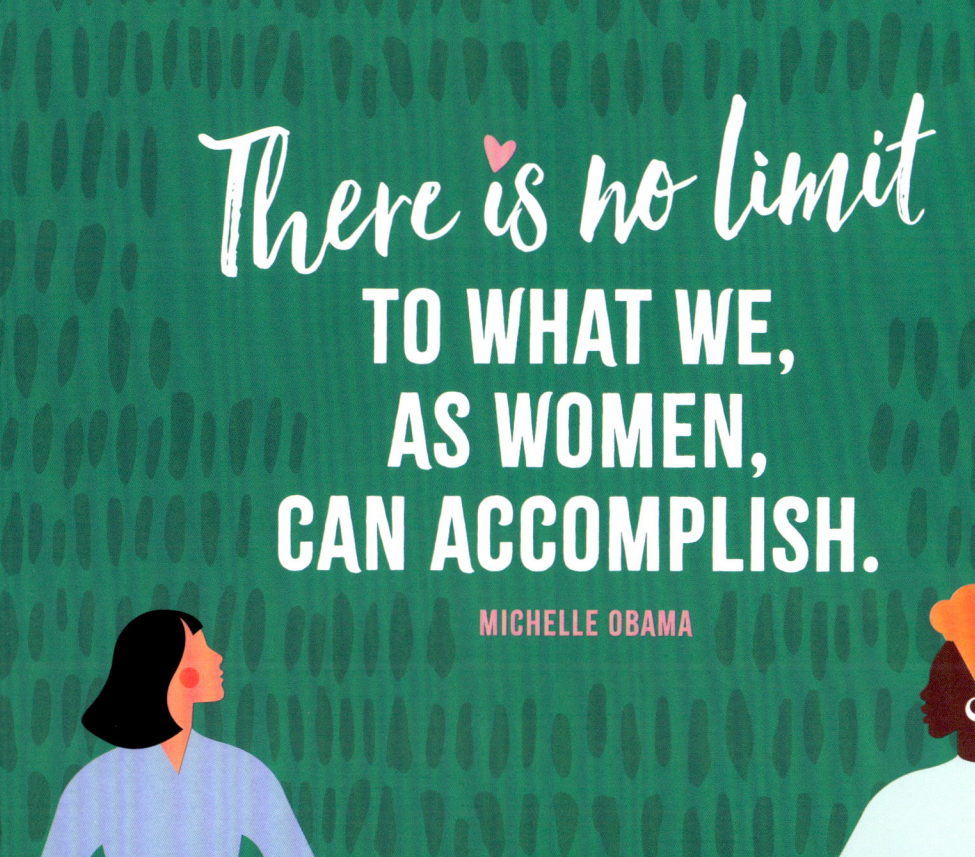

There *is* no limit
TO WHAT WE,
AS WOMEN,
CAN ACCOMPLISH.

MICHELLE OBAMA

Die mutigste Handlung ist immer noch, selbst zu denken.

Laut.

COCO CHANEL

Ohne Frauen

GEHT ES NICHT.
DAS HAT SOGAR GOTT
EINSEHEN MÜSSEN.

ELEONORA DUSE

Frauen
sind die wahren Architekten der Gesellschaft.

HARRIET BEECHER-STOWE

Der Zweifel raubt uns,
was wir gewinnen könnten,
wenn wir nur
wagen würden.

WILLIAM SHAKESPEARE

YOUR DREAMS ARE LIKE STARS:
Reach for them, and you'll find the path to your own galaxy.

Dein Leben,

DEINE LEINWAND.
BEMALE SIE IN DEN FARBEN
DEINER TRÄUME.

WAS FÜR EIN HERRLICHES LEBEN HATTE ICH!
Ich wünschte nur, ich hätte es früher bemerkt.

COLETTE

You don't have
to be perfect,
but you do have to be

100% committed.

ALEXANDRIA OCASIO-CORTEZ

SELBSTLIEBE IST DIE BESTE INVESTITION.

Je mehr du in dich selbst investierst,
desto reicher wird dein Leben.

Ich leugne das Vorhandensein
spezieller geschlechtlicher Tugenden.
**FÜR MÄNNER UND FRAUEN mUSS
DIE WAHRHEIT DIESELBE SEIN.**

MARY WOLLSTONECRAFT

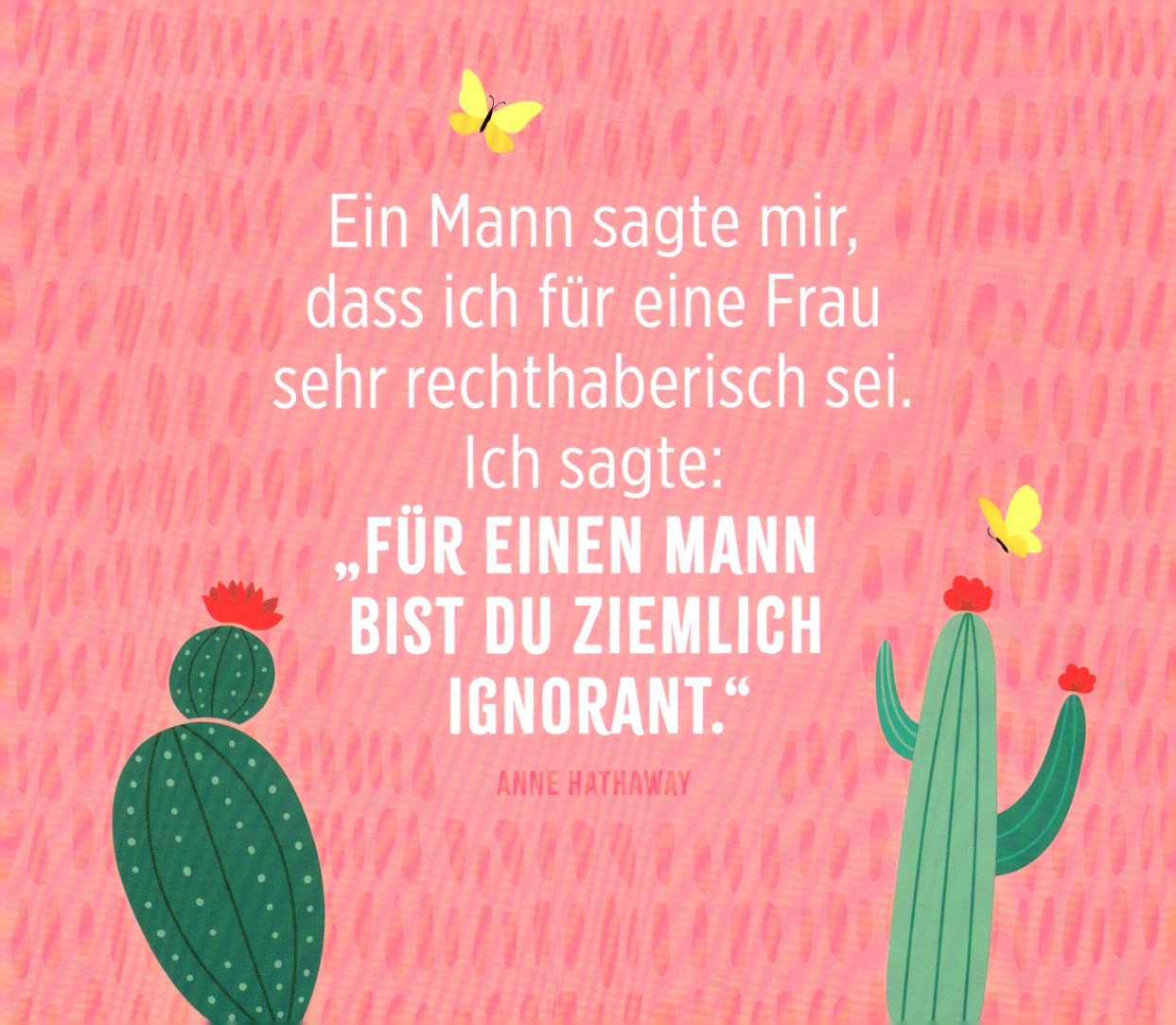

Ein Mann sagte mir,
dass ich für eine Frau
sehr rechthaberisch sei.
Ich sagte:
„FÜR EINEN MANN
BIST DU ZIEMLICH
IGNORANT."

ANNE HATHAWAY

GLÜCK UND GESUNDHEIT SIND DIE

beste Schminke.

DIE SCHÖNHEIT EINER FRAU
liegt nicht in den Klamotten,
die sie trägt, ihrer Figur, oder
wie sie ihre Haare trägt.

AUDREY HEPBURN

Es schadet nicht,
hinter die eigenen
unleidlichen Gedanken
**EINEN PUNKT
ZU SETZEN.**

VIRGINIA WOOLF

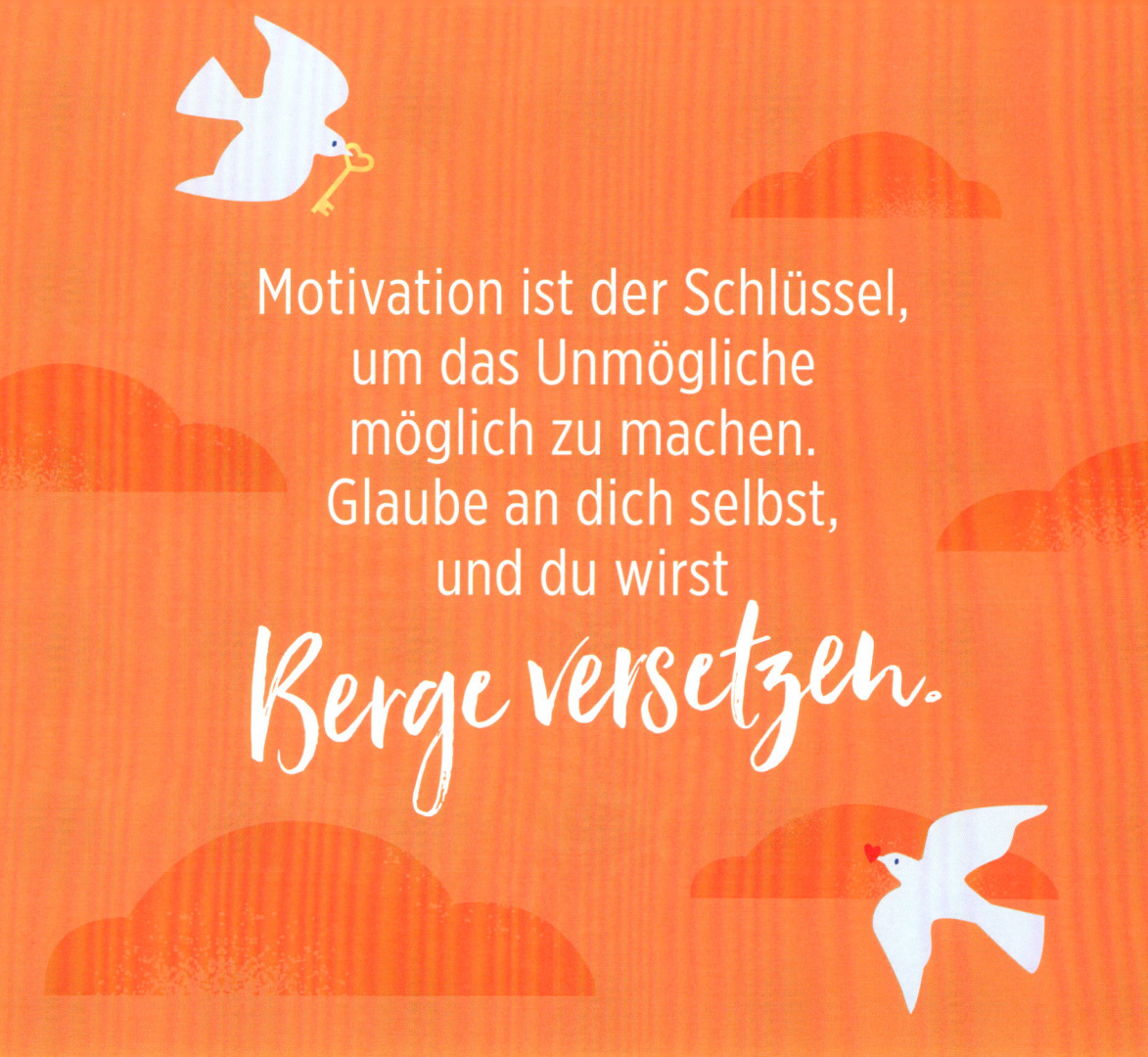

Motivation ist der Schlüssel,
um das Unmögliche
möglich zu machen.
Glaube an dich selbst,
und du wirst
Berge versetzen.

Freude

ist wie Glitzer im Regen – sie macht jeden
Tropfen zu einem funkelnden Glücksmoment.

Was machen Sie?

Nichts.

ICH LASSE
DAS LEBEN
AUF MICH
REGNEN.

RAHEL VARNHAGEN

Wieso gönnen wir
uns den Genuss nicht sofort?
**WIE OFT WIRD DIE FREUDE
DURCH VORBEREITUNGEN
VERDORBEN, DURCH TÖRICHTE
VORBEREITUNGEN!**

JANE AUSTEN

Nur der mit Leichtigkeit,
mit Freude und Lust
die Welt zu erhalten weiß,

der hält sie fest.

BETTINA VON ARNIM

ES GEHÖRT NUR EIN WENIG MUT DAZU,

nicht das zu tun,
was alle tun.

JOSEPH JOUBERT

WHO RUN THE WORLD?

Girls!

ATME. LASS LOS.

Und erinnere dich daran, dass dieser Moment
der einzige ist, den du mit Sicherheit hast.

OPRAH WINFREY

JEDEM VON UNS BIETET DIE WELT SO VIELES,

wenn wir nur Augen
dafür haben, es zu sehen,
ein Herz,
um es zu lieben,
und Hände,
um es zu ergreifen.

LUCY MAUD MONTGOMERY

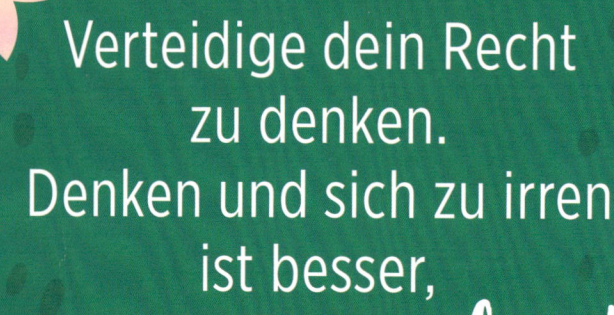

Verteidige dein Recht
zu denken.
Denken und sich zu irren
ist besser,
als nicht zu denken.

HYPATIA VON ALEXANDRIA

FRAUEN SIND WIE KATZEN:

Beide kann man nur zwingen, das zu tun, was sie selber mögen.

COLETTE

Die größte Belohnung

für das Überwinden der
eigenen Ängste ist nicht nur der Mut selbst,
sondern die Freiheit, die dahinter liegt.

STÄRKE BEDEUTET,
zu erkennen, dass du auch
in deiner Verletzlichkeit
kraftvoll bist.
Du bist wie ein Phönix, der
aus seiner eigenen Asche
wiederaufersteht.

Ich bin bereit,

gesehen zu werden.
Ich bin bereit, meine Meinung zu sagen.
Ich bin bereit, weiter zu gehen.
Ich bin bereit, mir anzuhören,
was andere zu sagen haben.
Ich bin bereit, jeden Abend in Frieden
mit mir selbst ins Bett zu gehen.
Ich bin bereit, mein größtes, bestes
und stärkstes Selbst zu sein.

EMMA WATSON

Little girls with dreams
**BECOME WOMEN
WITH BIG VISIONS.**

Freundinnen

sind wie Glitzer im Chaos
des Lebens – sie machen alles
bunter und lassen
uns strahlen!

Auf Freundschaft. Auf Erinnerungen.
Auf Partynächte. Auf Lachanfälle.
Auf Abenteuer.
Auf uns!

Wenn du dein ganzes Leben lang einsammelst,
**WANN WILLST DU
DAS GESAMMELTE GENIESSEN?**

AUS TAUSENDUNDEINE NACHT

Lächle dem Leben zu,

und es lächelt zurück – denn
wahre Lebensfreude beginnt im Spiegel
deines eigenen Glücks.

FÜHRE MICH NICHT IN VERSUCHUNG.
Ich finde
von alleine hin.

Du wirst immer
wieder etwas Törichtes tun,
doch tu es

mit Hingabe!

COLETTE

DO NO HARM.

Take no shit.

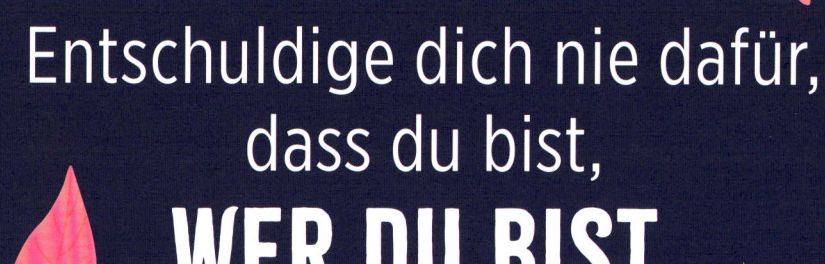

Entschuldige dich nie dafür,
dass du bist,
WER DU BIST.

Ich habe Lust auf alles,

was nicht ladylike ist,
und werde das natürlich umgehend lernen.

CATHERINE HELEN SPENCE

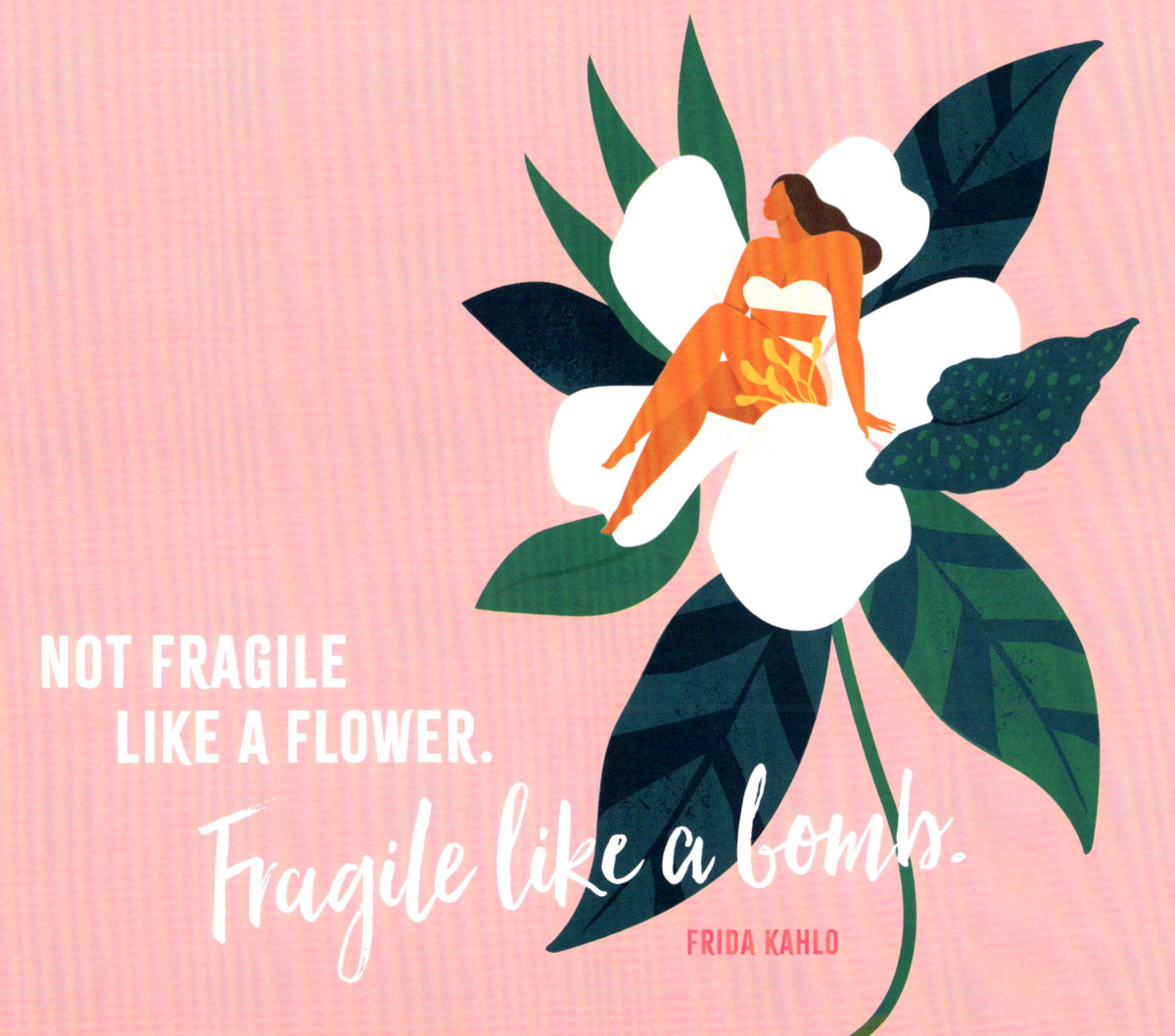

NOT FRAGILE
LIKE A FLOWER.
Fragile like a bomb.

FRIDA KAHLO

Große Siege

werden durch Mut errungen,
größere durch Liebe,
die größten durch Geduld.

PETER ROSEGGER

Nur Prinzessinnen
richten ihr Krönchen.
**KÖNIGINNEN
ZIEHEN IHR
SCHWERT.**

Freundinnen

sind wie das Geheimrezept
für ein perfektes Leben –
eine Prise Humor,
eine Portion Ehrlichkeit
und eine große
Dosis Liebe.

Mit Freundinnen an meiner Seite fühlt sich das Leben an wie eine endlose Sommerparty – **VOLLER LACHEN, LIEBE UND PURER LEBENSFREUDE!**

Ich bin nicht entmutigt,
weil jeder als falsch
verworfene Versuch
**EIN WEITERER SCHRITT
VORWÄRTS IST.**

THOMAS EDISON

Das Größte

im Leben besteht darin, das zu tun,
von dem die Leute behaupten,
man könne es nicht.

WALTER BAGEHOT

BE THE WOMAN YOU NEEDED *as a girl.*

Ein treuer Freund
ist ein starker Schutz,
wer ihn findet,
hat einen Schatz gefunden.

LOUISA MAY ALCOTT

Das Meer ist alles, was ich sein will:
WUNDERSCHÖN, WILD UND FREI.

Dein Wert wird
nicht durch die Meinungen
anderer gemessen.
Du bist so wertvoll wie
ein seltenes Kunstwerk –

EIN UNIKAT!

Es ist befreiend, man selbst zu sein.
Traue dich, dich zu blamieren.

Riskiere!

DREW BARRYMORE

Be wild. Be crazy. *Be you.*

EINFACH MAL

abtauchen.

TU DEINEM LEIB ETWAS GUTES,
damit deine Seele Lust hat, darin zu leben.

TERESA VON ÁVILA

A real woman
IS WHATEVER
THE HELL SHE WANTS
TO BE.

Träume

dir dein Leben schön und mach aus diesen Träumen eine Realität.

MARIE CURIE

Frauenpower

kennt keine Grenzen, nur Möglichkeiten!

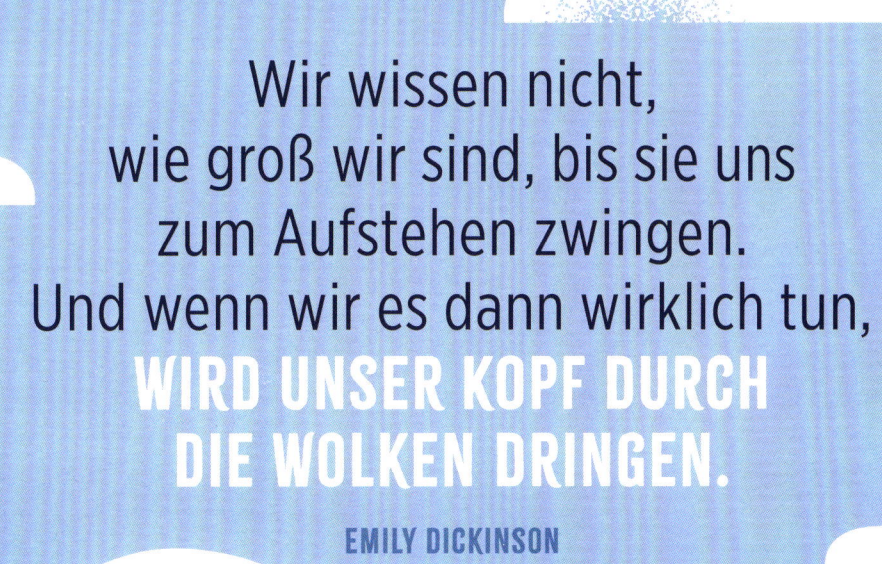

Wir wissen nicht,
wie groß wir sind, bis sie uns
zum Aufstehen zwingen.
Und wenn wir es dann wirklich tun,
**WIRD UNSER KOPF DURCH
DIE WOLKEN DRINGEN.**

EMILY DICKINSON

Unvollkommenheit

bedeutet Schönheit,
Wahnsinn ist Genialität,
und es ist besser,
absolut verrückt zu sein
als absolut öde.

MARILYN MONROE

**GIB EINEM MÄDCHEN BILDUNG
UND FÜHRE SIE ORDENTLICH
IN DIE WELT EIN,**
und in zehn von neun Fällen
wird sie in der Lage sein,
sich ohne weitere Zuwendungen
von jemandem zu behaupten.

JANE AUSTEN

If you sexist me,

I will feminist you.

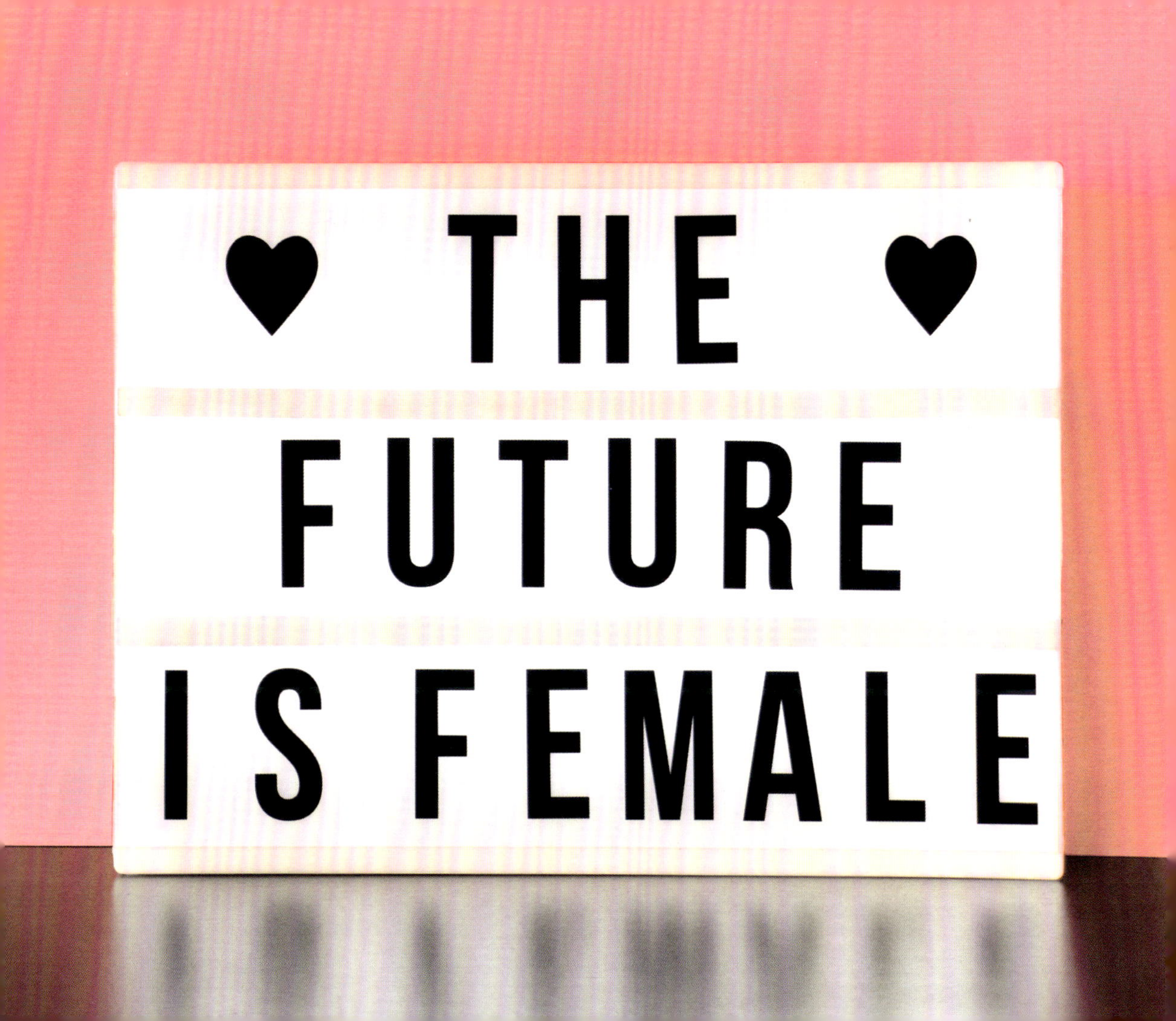
THE
FUTURE
IS FEMALE

Manchmal musst du über
deinen eigenen Schatten springen,
um im Licht zu stehen.
Das wahre Abenteuer
beginnt jenseits
deiner Komfortzone.

SELF CONFIDENCE

is a super power.
Once you start
to believe in yourself,
magic starts happening.

UNABHÄNGIGKEIT BEDEUTET

Glück.

SUSAN B. ANTHONY

FRAUENPOWER
bedeutet nicht,
die Männer zu bekämpfen;
es bedeutet, sich selbst
zu stärken und

die Welt zu verändern.

We are the granddaughters of the witches
THEY COULDN'T BURN.

Heldinnen tragen
keine Umhänge, sondern
Mut, Liebe und
eine Prise Verrücktheit
IN IHREN HERZEN.

NICHTS IN DER WELT WIRKT SO ANSTECKEND WIE

Lachen und gute Laune.

CHARLES DICKENS

AND AT THE END OF THE DAY,
your feet should be dirty,
your hair messy and your eyes sparkling.

SHANTI

Ruhe,

verbunden mit der Lust,
das heißt dem Genuss,
das ist Glück.

GEORGE SAND

In einer Gesellschaft,
die dich Geld, Gewicht,
Kalorien und Schritte zählen
lässt, sei rebellisch:
**ZÄHLE DEINE
GLÜCKLICHEN MOMENTE.**

DIE GELASSENHEIT
ist eine anmutige Form des Selbstbewusstseins.

MARIE VON EBNER-ESCHENBACH

Sei du selbst.

ALLE
ANDEREN GIBT
ES SCHON.

OSCAR WILDE

Believe

you can
and you're
halfway there.

ICH HABE DIE STERNE ZU SEHR GELIEBT,

um mich vor der Nacht zu fürchten.

SARAH WILLIAMS

Warum sind
Frauen für Männer
so viel interessanter als

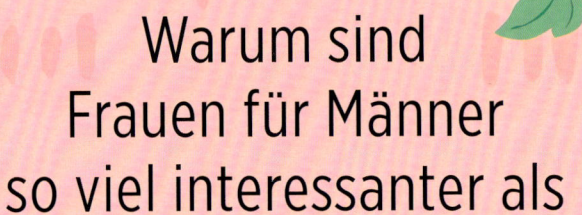

Männer für Frauen?

VIRGINIA WOOLF

F ABELHAFT

R EIZVOLL

A LLWISSEND

U MWERFEND

Ein Vogel,

der auf einem Baum sitzt,
hat keine Angst,
dass der Ast bricht,
denn er vertraut nicht
auf den Ast, sondern auf
seine eigenen Flügel.

Ain't I a woman?

SOJOURNER TRUTH

TRIFF NUR ENTSCHEIDUNGEN,

die dein Selbstbild,
dein Selbstwertgefühl und
deinen Selbstwert
unterstützen.

OPRAH WINFREY

Erlaube niemandem, dir dein Strahlen zu nehmen – auch nicht dir selbst ... Du bist wunderbar,

du bist genug!

KARIMA STOCKMANN

Oftmals reicht ein einziger Mensch,
UM DIE WELT ZUM LEUCHTEN ZU BRINGEN.

People don't just
come in my life and stay.
**THEY NEED TO EARN
THEIR SPOT.**

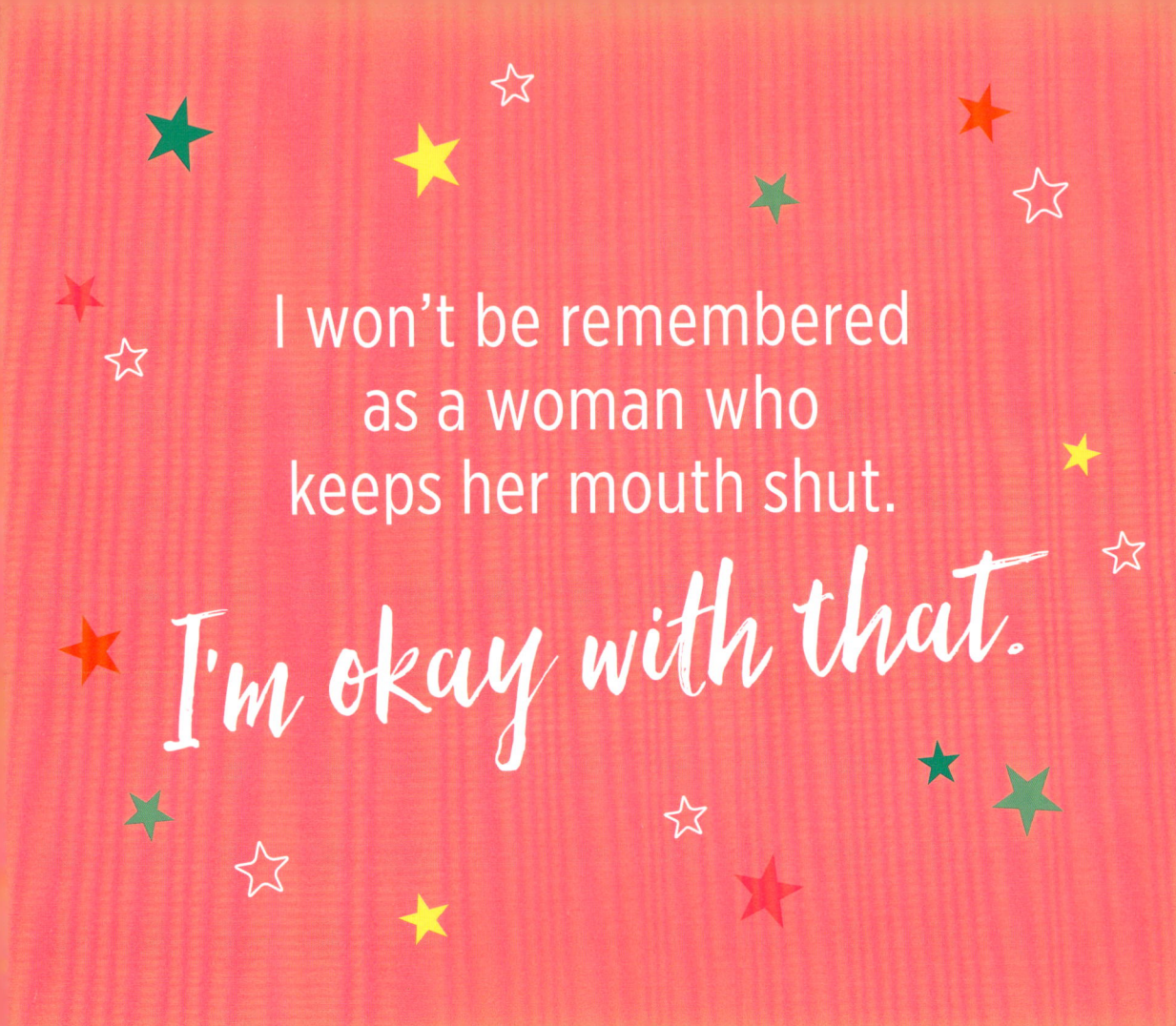

NIMM DIE MASKE AB – DEIN GESICHT IST

wundervoll!

DSCHELAL ED-DIN RUMI

Man muss an seine Berufung glauben
und alles daransetzen,
SEIN ZIEL ZU ERREICHEN.

MARIE CURIE

Eine Heldin

ist eine Frau,
die ihre Flügel ausbreitet
und fliegt, auch wenn
die Welt versucht,
sie auf dem Boden zu halten.

DER BESTE SCHUTZ,
den eine Frau haben kann ...
IST MUT.

ELIZABETH CADY STANTON

NO USE KICKING,

boys.

CHARLOTTE PERKINS GILMAN

WAHRE FREUNDSCHAFT
besteht in einer Einheit der
Seelen, die es nur selten gibt
AUF DIESER WELT.

MAHATMA GANDHI

Mit Freundinnen

an meiner Seite fühlt sich das Leben an
wie ein Roadtrip – voller Abenteuer,
lauter Lieder und unvergesslicher Ausblicke.

Weit weg,

dort im Sonnenlicht liegen
meine höchsten Bestrebungen.
Vielleicht werde ich sie nie erreichen,
ich kann jedoch hinaufschauen
und ihre Schönheit sehen,
an sie glauben und versuchen,
dorthin zu folgen,
wohin sie mich führen.

LOUISA MAY ALCOTT

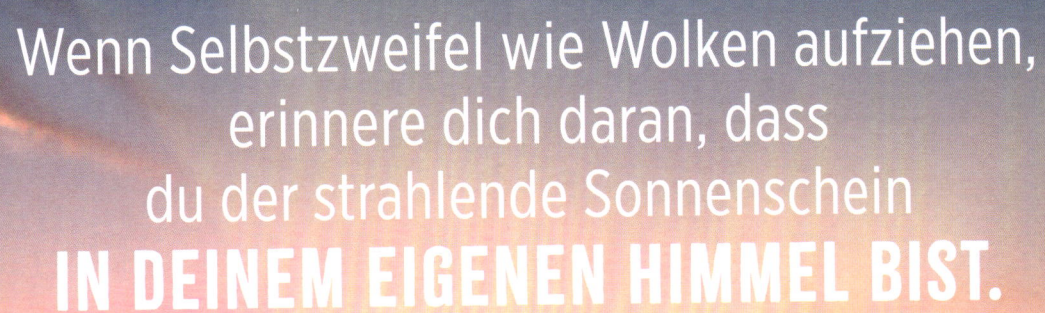

Wenn Selbstzweifel wie Wolken aufziehen,
erinnere dich daran, dass
du der strahlende Sonnenschein
IN DEINEM EIGENEN HIMMEL BIST.

DER EFFEKTIVSTE WEG, ETWAS ZU TUN, IST,

es zu tun.

AMELIA EARHART

KEIN VOGEL FLIEGT ZU HOCH,
wenn er mit eigenen Schwingen fliegt.

WILLIAM BLAKE

Das Leben

ist eine Party und
Lebensfreude ist unsere
VIP-Eintrittskarte.
Tanzen wir, als
ob niemand zuschaut!

I WANT TO FEEL
MY LIFE WHILE

I'm in it.

MERYL STREEP

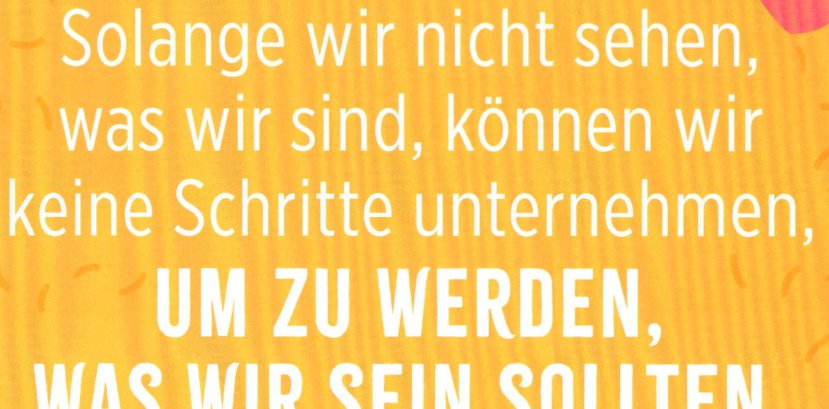

Solange wir nicht sehen,
was wir sind, können wir
keine Schritte unternehmen,
UM ZU WERDEN,
WAS WIR SEIN SOLLTEN.

CHARLOTTE PERKINS GILMAN

WHOEVER IS
TRYING TO BRING
YOU DOWN
IS ALREADY

below you.

Der Verstand kann
uns sagen, was
wir unterlassen sollen.
ABER DAS HERZ
KANN UNS SAGEN,
WAS WIR TUN MÜSSEN.

JOSEPH JOUBERT

Fliehe vor dem, was bequem ist.
Vergiss die Sicherheit.
Lebe dort, wo du Angst hast zu leben.
Zerstöre deinen Ruf. Sei berüchtigt.
Ich habe lange genug versucht,
klug zu planen.
Von nun an werde ich

verrückt sein.

DSCHELAL ED-DIN RUMI

PERFEKTION IST LANGWEILIG. MENSCHLICHKEIT *ist schön.*

TYRA BANKS

Eine Heldin

ist nicht perfekt,
sondern authentisch.
In ihrer Stärke liegt
die Freiheit, die Welt nach
ihren eigenen Regeln
zu gestalten.

**Wir von GROH wollen die Welt
ein bisschen verschönern – mit liebevollen
Geschenken, die glücklich machen.**

GROH.DE

@die_geschenkverlage

Idee und Konzept: GROH Verlag. Das Werk einschließlich seiner Teile ist urheberrechtlich geschützt. Jede Verwertung außerhalb der engen Grenzen des Urheberrechtsgesetzes ist ohne Zustimmung des Verlages unzulässig und strafbar. Das gilt insbesondere für Kopien, Einspeicherung und Verarbeitung in elektronischen Systemen. Der Verlag behält sich die Nutzung für Text-and-Data-Mining nach § 44b UrhG vor.

Textnachweis: Wir danken allen Autoren bzw. deren Erben, die uns freundlicherweise die Erlaubnis zum Abdruck von Texten erteilt haben.

Bildnachweis: Cover: Angelina Bambina/Shutterstock.com, dwph/stock.adobe.com; Innenteil: alle Illustrationen und Hintergründe: Shutterstock.com; Fotos: S. 7: Dima Aslanian/stock.adobe.com, S. 10: Gina/stock.adobe.com, S. 23: Marco Bottigelli/Getty Images, S. 24: Gajus/stock.adobe.com, S. 30: RichVintage/Getty Images, S. 43: FilippoBacci/Getty Images, S. 47: mammuth/Getty Images, S. 53: svitlini/stock.adobe.com, S. 61, 83: Westend61/Getty Images, S. 66: Klaus Vedfelt/Getty Images, S. 71: simona/stock.adobe.com, S. 87: Oliver Rossi/Getty Images, S. 91: Jeff Bergen/peopleimages.com/stock.adobe.com, S. 95: Justin Lewis/Getty Images, S. 101: StudioN/stock.adobe.com, S. 104: David Lees/Getty Images, S. 121: tomertu/stock.adobe.com, S. 130: Adam Hester/Getty Images, S. 143: FG Trade/Getty Images, S. 38, 56, 109, 133, 140: Shutterstock.com.

Redaktion: Lea Merz, www.wortrebellin.de
Cover, Layout und Satz: Sabine Schröder
Gesamtherstellung: Elma Printing & Finishing, Istanbul

Sei die Heldin deines Lebens
GTIN 978-3-8485-0268-4
© 2024 Groh Verlag. Ein Imprint der Verlagsgruppe Droemer Knaur GmbH & Co. KG, München
www.groh.de

MIX
Papier I Fördert
gute Waldnutzung
FSC® C164814